국어 문법(발음, 표기, 띄어쓰기), 어휘, 문장 구조 등 국어 학습의
기초를 탄탄히 다질 수 있게 다양한 문제와 함께 구성했어요!

국어 기초 다지기
2-2

차례

❶ 겹받침이 있는 낱말

1 파란색으로 쓴 낱말에 있는 받침을 살펴봅시다.

의자에 앉다.

오른쪽 사과가 더 많다.

책을 읽다.

풍선 여덟 개.

2 겹받침이 있는 글자의 짜임을 알아봅시다.

| 모 ㄳ | 가 ㅄ | 하 ㄾ 다 | 귀 ㄶ 다 |

🍀 'ㄵ, ㄶ, ㄺ, ㄼ'처럼 받침에 서로 다른 두 개의 자음자가 오는 것을 겹받침이라고 합니다. 헷갈리기 쉬운 겹받침에 주의하며 낱말을 바르게 씁니다.

겹받침		겹받침이 있는 낱말	
ㄺ	맑다	밝다	흙
ㄻ	젊다	굶다	삶다
ㄼ	밟다	넓다	짧다

겹받침이 있는 낱말을 알아봅시다.

· 정답 28쪽

1 ( ) 안의 낱말 가운데에 바른 낱말을 골라 ○표 하세요.

(1) (귀찮아서 / 귀찬아서) 나가기 싫어.

(2) 강아지가 물을 (할타서 / 핥아서) 먹는다.

(3) 아침을 (굴멌더니 / 굶었더니) 배가 고프다.

(4) 키가 크니까 바지가 (짧아졌어 / 짤바졌어).

(5) 산에 와서 (말근 / 맑은) 공기를 마시니 기분이 좋다.

(6) 배가 불러서 내 (몫 / 목)의 피자를 동생한테 양보했다.

2 보기 와 같이 다음 ⬭ 안에 알맞은 겹받침을 써넣으세요.

흐
ㄹㄱ 에서 나온 새싹.

(1) 생선 가 이 싸요.

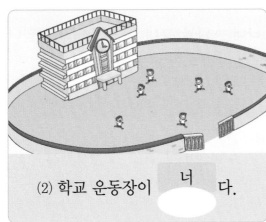

(2) 학교 운동장이 너 다.

(3) 달걀을 사 다.

❷ 흉내 내는 말

1 파란색으로 쓴 낱말이 없는 문장과 있는 문장을 살펴봅시다.

토끼가 잠을 잔다.

⬇

토끼가 잠을 쿨쿨 잔다.

↳ 흉내 내는 말

2 여러 가지 흉내 내는 말이 있는 문장을 읽어 봅시다.

친구가 엉엉 운다.

수도꼭지에서 물이
똑똑 떨어진다.

하늘에 구름이 둥둥
떠 있다.

풀잎에 이슬이
조롱조롱 맺혔다.

❀ 사람이나 사물의 소리나 모습을 나타내는 말을 흉내 내는 말이라고 합니다.
흉내 내는 말을 사용하면 재미있고 실감 나게 표현할 수 있습니다.

소리를 흉내 내는 말 예		모습을 흉내 내는 말 예	
• 펑	• 짹짹	• 삐죽삐죽	• 불쑥
• 풍덩	• 어흥	• 반짝반짝	• 꼬불꼬불
• 부르릉부르릉	• 쨍그랑쨍그랑	• 빙글빙글	• 데굴데굴

1 문장에 알맞은 흉내 내는 말에 ◯표 하세요.

(1) 참새가 (짹짹 / 엉금엉금) 노래한다.

(2) 도끼가 연못에 (풍덩 / 오순도순) 빠졌다.

(3) 꿀벌이 꽃 주위를 (빙글빙글 / 알록달록) 돈다.

(4) 산에 가니까 (살금살금 / 꼬불꼬불) 길이 이어져 있다.

(5) 언니가 (불쑥 / 털썩) 손을 내밀며 과자를 달라고 한다.

(6) 자동차가 (쨍그랑쨍그랑 / 부르릉부르릉) 소리를 내더니 움직인다.

2 보기 와 같이 (   ) 안에 알맞은 흉내 내는 말을 써넣으세요.

보기

별이 (반짝반짝) 빛나는 밤에 잠든 올빼미와 달.

(1) 풍선이 (   ) 터지다.

(2) 동생이 (   ) 잔다.

(3) 밤송이에 가시가 (   ) 나 있다.

❸ 바른 말 사용하기

1 문장을 읽고 파란색으로 쓴 낱말의 뜻을 생각해 봅시다.

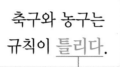

축구와 농구는
규칙이 <u>틀리다</u>.

계산이나 사실 등이 맞지
않을 때 사용하는 말.

축구와 농구는
규칙이 <u>다르다</u>.

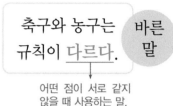

바른
말

어떤 점이 서로 같지
않을 때 사용하는 말.

2 그림을 보고 '작다'와 '적다' 중에서 어떤 말을 사용하는지 살펴봅시다.

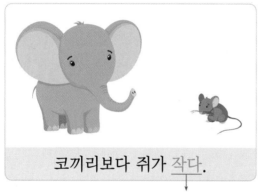

코끼리보다 쥐가 <u>작다</u>.

크기가 보통보다 덜할 때 쓰는 말.

오른쪽 주스의 양이 더 <u>적다</u>.

수나 양이 부족할 때 쓰는 말.

🍀 문장의 뜻을 정확하게 표현할 수 있는 낱말을 '바른 말'이라고 해요. 바른 말을 사용하면 생각을 정확하게 표현할 수 있어요.

• 크다: 크기가 보통 정도를 넘다.	• 많다: 수나 양이 넘치다.
• 맞히다: 문제에 대한 답을 골라 내다.	• 맞추다: 서로 떨어져 있는 부분을 제자리에 맞게 대어 붙이다.
• 가리키다: 어떤 방향이나 대상을 집어서 보이거나 말하거나 알리다.	• 가르치다: 어떤 사실을 알려 주다.
• 잊어버리다: 기억이나 생각한 것이 머릿속에서 지워지다.	• 잃어버리다: 물건이 없어지거나 사라지다.

1 문장에서 바른 말에 ○표 하세요.

(1) 친구의 키가 나보다 (작다 / 적다).

(2) 색연필 개수보다 연필 개수가 (작다 / 적다).

(3) 나와 동생은 서로 (다른 / 틀린) 과일을 좋아한다.

(4) 유치원 때 친구의 이름을 (잊어버렸다 / 잃어버렸다).

(5) 이 문제의 답을 (맞히면 / 맞추면) 상품을 받을 수 있다.

(6) 색종이 조각을 (맞히어 / 맞추어) 붙여서 로봇 모양을 만들었다.

2 다음 (   ) 안에 알맞은 말을 이으세요.

(1)
호랑이는 몸집이
매우 (   ).

· ① 크다

· ② 많다

(2)
계절에 따라 나무의
모습이 (   ).

· ① 다르다

· ② 틀리다

(3)
사과가 있는 곳을
(   ).

· ① 가르치다

· ② 가리키다

❹ 사이시옷이 들어간 낱말

1 낱말의 짜임을 살펴봅시다.

초+ㅅ+불 ➡ 촛불

낱말 사이에 들어가는 '사이시옷'

2 사이시옷이 들어간 낱말을 알아봅시다.

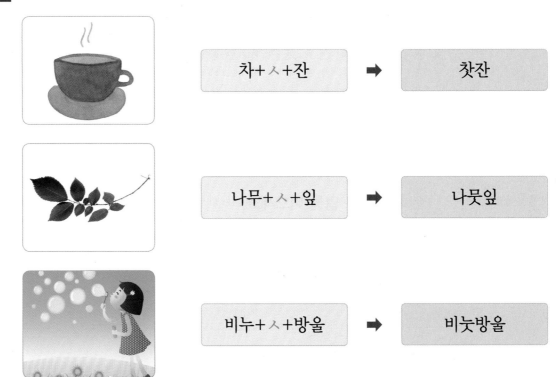

차+ㅅ+잔 ➡ 찻잔

나무+ㅅ+잎 ➡ 나뭇잎

비누+ㅅ+방울 ➡ 비눗방울

🍀 '비눗방울'은 '비누'와 '방울'을 합쳐 만든 낱말입니다. 이때 낱말 사이에 들어
가는 'ㅅ'을 '사이시옷'이라고 합니다.

코+ㅅ+구멍	콧구멍
이+ㅅ+몸	잇몸
시내+ㅅ+물	시냇물
뒤+ㅅ+문	뒷문
뒤+ㅅ+다리	뒷다리
비+ㅅ+방울	빗방울

사이시옷을
빼고 쓰지 않도록
주의해요.

1 문장에 알맞은 말에 ○표 하세요.

(1) 생일 케이크의 (촌불 / 촛불)을 빨리 끄렴.

(2) 가을이 되니 (나뭇잎 / 나무잎)이 떨어진다.

(3) 공원에서 (비눋방울 / 비눗방울)을 만들며 놀았다.

(4) 시내버스는 앞문으로 타고 (뒤문 / 뒷문)으로 내린다.

(5) (찯잔 / 찻잔)에 담긴 차가 뜨거우니까 조심해서 드세요.

(6) 맛있는 냄새가 나자 동생은 (코구멍 / 콧구멍)을 벌름거렸다.

2 다음 (   ) 안에 알맞은 말을 이으세요.

(1) 이와 (   )의 사이도 잘 닦아 주세요.

· ① 인몸

· ② 잇몸

(2) 개구리는 앞다리보다 (   )가 더 빨리 자란다.

· ① 뒤다리

· ② 뒷다리

(3) 구름에서 떨어지는 (   ).

· ① 빗방울

· ② 빈방울

❺ 소리가 비슷한 낱말

1 낱말의 뜻을 생각하며 그림을 살펴봅시다.

안다

앉다

짓다

짖다

2 모양과 의미는 다르지만 소리가 비슷한 낱말이 있습니다. 소리가 비슷한 낱말들의 뜻을 이해했는지 확인하려면 낱말을 넣어서 문장을 만들어 보면 됩니다.

┌ 어머니께서 동생을 안고 있다. (○)
└ 어머니께서 동생을 앉고 있다. ( )
┌ 입을 크게 벌리고 짓는 개를 보고 놀랐어요. ( )
└ 입을 크게 벌리고 짖는 개를 보고 놀랐어요. (○)

🍀 **소리가 비슷한 낱말**

• 익다: 고기, 채소, 곡식 등의 날것이 열을 받아 맛과 성질이 달라지다.
• 읽다: 글이나 글자를 보고 그 음대로 소리를 내어 말로 나타내다.
• 담다: 어떤 물건을 그릇 등에 넣다.
• 닮다: 둘 이상의 사람 또는 사물이 서로 비슷한 생김새나 성질을 지니다.
• 덮다: 무엇이 드러나거나 보이지 않도록 다른 것을 얹어서 씌우다.
• 덥다: 몸으로 느끼기에 기온이 높다.

소리가 비슷한 낱말을 알아봅시다.

· 정답 29쪽

1 다음 낱말의 뜻에 어울리는 낱말에 ○표 하세요.

(1) 두 팔을 벌려 가슴 쪽으로 끌어당기거나 품 안에 있게 하다.
① 안다 (　　　)
② 앉다 (　　　)

(2) 개가 크게 소리를 내다.
① 짓다 (　　　)
② 짖다 (　　　)

2 (　　) 안의 낱말 가운데에서 바른 표현을 골라 ○표 하세요.

(1) 의자에 (안아서 / 앉아서) 기다렸다.

(2) 강아지를 (안으면 / 앉으면) 따뜻하다.

(3) 개가 (짓는 / 짖는) 소리에 깜짝 놀랐다.

(4) 할아버지는 시골에 새 집을 (짓겠다고 / 짖겠다고) 하셨다.

3 다음 빈칸에 들어갈 낱말을 알맞게 이으세요.

(1) 사과가 빨갛게 [　　　　　] .　　·　　　·① 읽었다

(2) 나는 그림책을 [　　　　　] .　　·　　　·② 익었다

(3) 물병에 물을 [　　　　　] .　　·　　　·③ 담았다

(4) 동생은 엄마를 [　　　　　] .　　·　　　·④ 닮았다

❻ 뜻이 비슷한 낱말

1 그림을 보고 뜻이 비슷한 낱말을 익혀 봅시다.

| 뛰다 | 달리다 |

| 굽히다 | 구부리다 |

| 만나다 | 마주치다 |

| 돌개바람 | 회오리바람 |

2 뜻이 비슷한 낱말은 서로 바꾸어도 써도 문장이 자연스럽습니다.

┌ 닭이 달걀을 낳았습니다.
└ 닭이 계란을 낳았습니다.

┌ 가족들이 힘을 합쳐 청소를 했습니다.
└ 가족들이 힘을 모아 청소를 했습니다.

🍀 뜻이 비슷한 낱말

마을 – 동네	어린이 – 아이
가족 – 식구	풍경 – 경치
뜨겁다 – 후텁지근하다 – 무덥다	바꾸다 – 변하다 – 달라지다
자라다 – 성장하다 – 크다	가꾸다 – 보살피다 – 키우다

뜻이 비슷한 낱말을 알아봅시다.

· 정답 29쪽

1 다음 낱말과 뜻이 비슷한 낱말을 찾아 ○표 하세요.

(1)
가족
식구   동무

(2)
만나다
마주치다   바라보다

(3)
굽히다
눕다   구부리다

(4)
뛰다
걷다   달리다

(5)
돌개바람
산들바람   회오리바람

(6)
달걀
계란   병아리

2 파란색으로 쓴 낱말과 뜻이 비슷해서 바꾸어 쓸 수 있는 낱말을 보기 에서 찾아 쓰세요.

보기
모아   나누어   매콤해요   매끈해요   성장했어요   잘했어요

(1) 떡볶이가 매워요.

(   )

(2) 토마토가 많이 자랐어요.

(   )

(3) 아이들은 힘을 합쳐 책상을 들고 교실 밖으로 나갔다.

(   )

❼ 포함하는 낱말과 포함되는 낱말

1 낱말의 관계에 주의하며 다음 낱말을 읽어 봅시다.

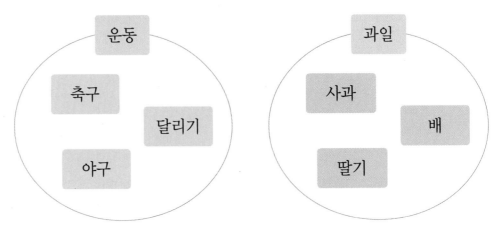

2 '운동'은 '축구, 달리기, 야구'를 포함하는 낱말이고, '사과, 배, 딸기'는 '과일'에 포함되는 낱말입니다. 이렇게 낱말의 관계 중에는 다른 낱말의 의미를 포함하는 낱말과 다른 낱말에 포함되는 낱말이 있습니다.

포함하는 낱말	포함되는 낱말
꽃	장미, 무궁화, 해바라기, 나팔꽃
학용품	연필, 지우개, 자, 공책
계절	봄, 여름, 가을, 겨울

🍀 한 낱말은 다른 낱말에 포함되는 낱말이 되는 동시에 다른 낱말을 포함하는 낱말도 될 수 있습니다.

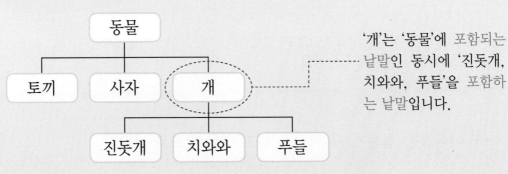

'개'는 '동물'에 포함되는 낱말인 동시에 '진돗개, 치와와, 푸들'을 포함하는 낱말입니다.

포함하는 낱말과 포함되는 낱말을 알아봅시다.

· 정답 29쪽

1 다음 낱말 중 나머지 낱말을 포함하는 낱말에 ○표 하세요.

(1)
| 사과 | 배 | 딸기 | 과일 | 포도 |

(2)
| 공책 | 필통 | 지우개 | 연필 | 학용품 |

(3)
| 사자 | 동물 | 토끼 | 개 | 오리 |

(4)
| 오이 | 당근 | 채소 | 양파 | 마늘 |

2 다음 낱말에 포함되는 낱말로 알맞지 않은 것에 ×표 하세요.

(1)
| 꽃 | 장미 | 튤립 | 나무 | 해바라기 |

(2)
| 책 | 책상 | 동화책 | 만화책 | 위인전 |

(3)
| 움직이다 | 달리다 | 앉다 | 걷다 | 크다 |

3 다음 낱말들을 포함하는 낱말로 알맞은 것에 ○표 하세요.

(1)
| 봄 | 여름 | 가을 | 겨울 | 계절 | 달력 |

(2)
| 비둘기 | 참새 | 까마귀 | 까치 | 곤충 | 새 |

❽ 알맞은 발음

1 파란색 자음자의 발음에 주의하며 낱말을 바르게 읽어 봅시다.

낱말	발음
불	[불]

낱말	발음
달	[달]

낱말	발음
자다	[자다]

2 문장에서 밑줄 그은 낱말을 알맞은 발음으로 읽어 봅시다.

사슴의 뿔이 길다.
→ [뿔]

아빠와 딸이 간다.
→ [딸]

소금의 맛이 짜다.
→ [짜다]

❖ 낱말에 쓰인 자음자의 발음에 주의하면서 알맞게 발음합니다. 바른 발음을 생각하지 않고 상대에게 좀 더 강하게 말하기 위해 센 발음으로 말하는 것은 잘못된 것입니다. 쌍자음인지 아닌지를 구분하여 글자를 바르게 읽습니다.

낱말	발음	
바나나	[바나나] (○)	[빠나나] (×)
자르다	[자르다] (○)	[짜르다] (×)
동그라미	[동그라미] (○)	[똥그라미] (×)

1 다음 낱말을 알맞게 발음한 것을 찾아 ○표 하세요.

(1) 불   ① [불] (   )   ② [뿔] (   )

(2) 딸   ① [달] (   )   ② [딸] (   )

(3) 자다   ① [짜다] (   )   ② [자다] (   )

2 다음 낱말을 바르게 발음한 것을 알맞게 이으세요.

(1) 자르다 ·

· ㉠ [자르다]

· ㉡ [짜르다]

(2) 바나나 ·

· ㉠ [빠나나]

· ㉡ [바나나]

(3) 동그라미 ·

· ㉠ [동그라미]

· ㉡ [똥그라미]

3 다음 밑줄 그은 부분의 발음을 알맞게 쓰세요.

(1) 옷이 좀 작아 보인다. → [   ]

(2) 기러기는 거꾸로 읽어도 기러기이다. → [   ]

❾ 느낌을 나타내는 우리말

1 다음을 보고 느낌을 나타내는 우리말의 뜻을 알아봅시다.

낱말	보드레하다
뜻	꽤 보드라운 느낌이 있다.

낱말	잘바닥잘바닥하다
뜻	진흙이나 반죽 따위가 물기가 많아 매우 보드랍게 질다.

2 문장에서 밑줄 그은 말이 어떤 뜻인지 알아봅시다.

• 접시 위의 사과가 <u>만질만질하다</u>.
  → 만지거나 주무르기 좋게 연하고 보드랍다.

• 손에 묻은 송진이 <u>찐득찐득하다</u>.
  → 눅진하고 차져 자꾸 끈적끈적하게 달라붙다.

🍀 우리말에는 느낌을 나타내는 말이 많습니다. 이러한 말들은 꾸며 주는 말의 한 종류인 흉내 내는 말과 관련되기도 합니다. 이와 같은 말들을 사용하면 문장을 좀 더 생생하고 실감 나게 나타낼 수 있습니다.

> 언니가 입은 옷이 <u>부들부들하다</u>.
> └→ 살갗에 닿는 느낌이 매우 부드럽다.

1 다음 뜻에 맞는 낱말을 보기 에서 찾아 쓰세요.

> 보기
>
> 만질만질하다   부들부들하다   잘바닥잘바닥하다

(1) 살갗에 닿는 느낌이 매우 부드럽다.

→ (   )

(2) 만지거나 주무르기 좋게 연하고 보드랍다.

→ (   )

(3) 진흙이나 반죽 따위가 물기가 많아 매우 보드랍게 질다.

→ (   )

2 다음 뜻을 참고하여 (   ) 안에 들어갈 말을 알맞게 이으세요.

(1)

우리 집 고양이의 털이 정말 (   ).

*뜻: 꽤 보드라운 느낌이 있다.

· ㉠ 보드레하다

· ㉡ 올록볼록하다

(2)

봉투에 바른 풀을 만져 보니 (   ).

*뜻: 눅진하고 차져 자꾸 끈적끈적하게 달라붙다.

· ㉠ 찐득찐득하다

· ㉡ 잘바닥잘바닥하다

⑩ 토박이말

1 다음을 보고 토박이말의 뜻을 알아봅시다.

해거름: 해가 서쪽으로 넘어가는 일. 또는 그런 때.

마루: 등성이를 이루는 지붕이나 산 따위의 꼭대기.

도둑눈: 밤사이에 사람들이 모르게 내린 눈.

으뜸: 많은 것 가운데 가장 뛰어난 것. 또는 첫째가는 것.

2 **1**의 토박이말을 넣어 문장을 만들어 봅시다.

- 어젯밤에 도둑눈이 내렸다.
- 구름이 뒷산 마루에 걸려 있다.
- 밖에서 놀더라도 해거름 안에는 집에 와야 한다.
- 재희는 우리 반에서 봉사 활동을 하는 데 으뜸이다.

🍀 토박이말은 우리말에 원래 있던 낱말이나 그것을 활용해 새로 만든 낱말입니다. 낱말의 뜻을 생각하며 토박이말을 문장에 바르게 사용합니다.

낱말	뜻
볼가심	물 따위를 머금어 볼의 안을 깨끗이 씻음.
모꼬지	놀이나 잔치 등의 일로 여러 사람이 모이는 일.
나들목	도로나 철도 따위에서, 사고가 일어나거나 교통이 지체되는 것을 막기 위하여 교차 지점에 입체적으로 만들어서 신호 없이 다닐 수 있도록 한 시설.

· 정답 30쪽

1 다음 뜻에 알맞은 낱말을 찾아 ○표 하세요.

(1) 밤사이에 사람들이 모르게 내린 눈.

① 첫눈 (   )   ② 함박눈 (   )   ③ 도둑눈 (   )

(2) 등성이를 이루는 지붕이나 산 따위의 꼭대기.

① 나루 (   )   ② 마루 (   )   ③ 그루 (   )

(3) 많은 것 가운데 가장 뛰어난 것. 또는 첫째가는 것.

① 으뜸 (   )   ② 대뜸 (   )   ③ 쑥뜸 (   )

(4) 놀이나 잔치 등의 일로 여러 사람이 모이는 일.

① 모꼬지 (   )   ② 모퉁이 (   )   ③ 모조리 (   )

2 다음 문장의 (   ) 안에 알맞은 낱말을 보기 에서 찾아 쓰세요.

보기

으뜸	볼가심	나들목	해거름

(1) 아버지께서 (   )에 집에 오셨다.

(2) 고속 도로에 (   )을 설치하는 중이다.

(3) 선호의 노래 실력은 우리 반에서 (   )이다.

(4) 아이가 밥을 먹고 나서 오물오물 (   )을 한다.

⑪ 맞장구치는 말

1 맞장구치는 말을 사용하여 나눈 대화를 살펴봅시다.

2 맞장구치는 말을 사용하여 나눈 대화를 살펴봅시다.

> 도준: 오늘 다연이가 슬퍼 보여.
> 민아: 맞아, 오늘따라 힘이 없어 보이더라.

❀ 맞장구치는 말은 상대의 말을 기분 좋게 받아 주는 말입니다. 상대의 마음을 생각하여 맞장구치는 말을 사용하며 대화를 나누어 봅니다.

➡ 친구의 신나는 마음을 생각하며, 소풍이 재미있을 것이라고 맞장구치는 말을 하였습니다.

맞장구치는 말을 사용할 수 있는지 살펴봅시다.

• 정답 31쪽

1 맞장구치는 말을 사용하여 대답한 것에 ○표 하세요.

(1) 체육 시간에 할 피구 경기가 기대돼.

① 나는 피구가 제일 싫어. ( )
② 나도 어서 체육 시간이 되었으면 좋겠어. ( )

(2) 내일 친구와 놀이 공원에 가기로 했어!

① 놀이 공원에 가는 것은 시간 낭비야. ( )
② 재미있겠다. 어떤 놀이기구가 가장 기대되니? ( )

(3) 오늘은 급식이 정말 맛있다.

① 응, 체육 수업을 하고 먹어서 그런지 더 맛있다. ( )
② 나는 볶음밥이 아니라 스파게티가 나왔으면 좋겠어. ( )

(4) 이번에 새로 개봉한 영화가 보고 싶어.

① 영화표는 너무 비싸. ( )
② 맞아. 재미있어 보이더라. ( )

2 주어진 말에 할 수 있는 맞장구치는 말을 쓰세요.

(1) 나는 음악 듣는 것을 좋아해.

➡ _____

(2) 꽃이 활짝 핀 것을 보니 기분이 좋다.

➡ _____

⑫ 높임 표현 사용하기

1 앞말에 따라 '에게/께' 중 무엇이 붙는지 살펴봅시다.

- 친구에게   편지를 주었다.   (친구 + 에게)
  └→ 높임 표현을 쓰지 않음.

- 아버지께   인사를 드렸다.   (아버지 + 께)
  └→ 높임 표현을 씀.

2 높임 표현이 바르게 쓰인 문장이 무엇인지 살펴봅시다.

- 선생님의 말을 들었다.   (×)
- 선생님의 말씀을 들었다.   (○)
  └→ 높임 표현

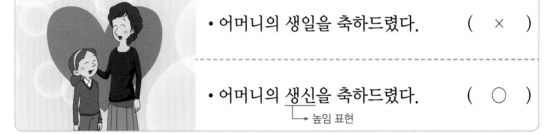

- 어머니의 생일을 축하드렸다.   (×)
- 어머니의 생신을 축하드렸다.   (○)
  └→ 높임 표현

❖ 아버지, 어머니, 선생님 등 웃어른께는 높임 표현을 사용해야 합니다. 예를 들어 말에서 '누구에게'에 해당하는 사람이 말하는 사람보다 웃어른이라면 '에게' 대신 '께'를 써야 합니다. 이외에도 여러 높임 표현이 있습니다.

높임 표현	뜻	높임 표현	뜻
께	'에게'의 높임말.	댁	'집'의 높임말.
생신	'생일'을 높여 말하는 말.	연세	'나이'의 높임말.
말씀	남의 말을 높이는 말.	계시다	'있다'의 높임말.

1 다음 중 알맞은 낱말에 ○표 하세요.

(1) 어머니(께 / 에게) 감사한 마음이 들었다.

(2) 동생(께 / 에게) 선물을 주었다.

(3) 선생님(께 / 에게) 숙제를 보여 드렸다.

(4) 친구(께 / 에게) 빵을 주었다.

2 다음 중 높임 표현이 바르게 사용된 문장에 ○표 하세요.

(1) ① 아버지 연세를 여쭈어보았다.   ② 아버지 나이를 여쭈어보았다.

(　　　　　　　) (　　　　　　　)

(2) ① 선생님께서는 교실에 있었다.   ② 선생님께서는 교실에 계셨다.

(　　　　　　　) (　　　　　　　)

(3) ① 오늘은 할머니 생일이다.   ② 오늘은 할머니 생신이다.

(　　　　　　　) (　　　　　　　)

(4) ① 할아버지 댁에 다녀왔다.   ② 할아버지 집에 다녀왔다.

(　　　　　　　) (　　　　　　　)

(5) ① 어머니의 말이 생각났다.   ② 어머니의 말씀이 생각났다.

(　　　　　　　) (　　　　　　　)

⓭ 글자와 다르게 소리 나는 낱말

1 밑줄 그은 낱말을 바르게 소리 내어 읽는 방법이 무엇인지 살펴봅시다.

- 우아! 오늘따라 <u>구름이</u> 정말 신기하다.   (구름 + 이 → [구르미])
                                          └→ 받침이 있음.
- <u>구름에</u> 누워 보면 어떤 느낌일까?   (구름 + 에 → [구르메])
- 나는 <u>구름을</u> 먹어 보고 싶어.   (구름 + 을 → [구르믈])

2 밑줄 그은 낱말의 바른 발음에 주의하며 문장을 읽어 봅시다.

<u>산이</u>[사니] 높다.

<u>도서관에</u>[도서과네] 갔다.

<u>눈은</u>[누는] 하얗다.

<u>음식을</u>[음시글] 먹었다.

🍀 마지막 글자에 받침이 있는 낱말 뒤에 '이', '에', '은', '을' 등이 붙으면 마지막 글자의 받침이 'ㅇ' 자리로 이어져 소리 납니다.

봄 +	이 →	봄이[보미]
	에 →	봄에[보메]
	은 →	봄은[보믄]
	을 →	봄을[보믈]

가을 +	이 →	가을이[가으리]
	에 →	가을에[가으레]
	은 →	가을은[가으른]
	을 →	가을을[가으를]

낱말을 바르게 읽어 봅시다.

• 정답 31쪽

1 보기 와 같이 주어진 낱말을 바르게 소리 내어 읽은 것에 ○표 하세요.

> 보기
>
> 숲을 → ① [숲을] (   ) ② [수플] (○   )

(1) 책을 → ① [책을] (   )   ② [채글] (   )

(2) 대문이 → ① [대무니] (   )   ② [대문이] (   )

(3) 연못에 → ① [연못에] (   )   ② [연모세] (   )

(4) 장미꽃은 → ① [장미꽃은] (   )   ② [장미꼬츤] (   )

2 낱말을 바르게 소리 내어 읽은 것에 ○표 하세요.

(1)	쌀을[쌀을]	밥이[밥이]	아침에[아치메]

(2)	벽에[벽에]	문을[무늘]	하늘은[하늘른]

(3)	집에[집에]	저녁은[저녁근]	노을이[노으리]

(4)	물이[물이]	창문을[창무늘]	화분은[화분은]

3 다음 문장을 읽고 파란색 낱말을 각각 소리 나는 대로 쓰세요.

> 국어 문제집은 저쪽에 있어.

(1) 문제집은[   ]   (2) 저쪽에[   ]

정답과 풀이

3쪽 **❶ 겹받침이 있는 낱말**

1 (1) 귀찮아서 (2) 핥아서 (3) 굶었더니
 (4) 짧아졌어 (5) 맑은 (6) 몫

2 (1) ㅄ (2) ㄻ (3) ㄺ

1 겹받침이 있는 낱말의 뜻
 (1) 귀찮다: 마음에 들지 않거나 몸이나 마음이 편하지 않다.
 (2) 핥다: 혀가 물체의 겉에 살짝 닿으면서 지나가게 하다.
 (3) 굶다: 아침, 점심, 저녁과 같이 일정한 시간에 먹는 밥을 먹지 않다.
 (4) 짧아지다: 두 끝의 사이가 가까워지게 되다.
 (5) 맑다: 더러운 것이 섞이지 않다.
 (6) 몫: 여럿으로 나누어 가지는 각 부분.

2 (1) 생선 값이 싸요.
 (2) 학교 운동장이 넓다.
 (3) 달걀을 삶다.

5쪽 **❷ 흉내 내는 말**

1 (1) 짹짹 (2) 풍덩 (3) 빙글빙글
 (4) 꼬불꼬불 (5) 불쑥 (6) 부르릉부르릉
2 (1) 예 펑 / 팡 (2) 예 새근새근 / 쿨쿨
 (3) 예 삐죽삐죽 / 뾰족뾰족

1 흉내 내는 말의 뜻
 (1) 짹짹: 자꾸 참새 따위가 우는 소리.
 (2) 풍덩: 크고 무거운 물건이 깊은 물에 떨어지거나 빠질 때 무겁게 한 번 나는 소리.
 (3) 빙글빙글: 잇따라 미끄럽게 도는 모습.
 (4) 꼬불꼬불: 이리로 저리로 고부라지는 모습.

 (5) 불쑥: 갑자기 불룩하게 쑥 나오거나 내미는 모습.
 (6) 부르릉부르릉: 자동차나 비행기 따위가 움직일 때 잇따라 나는 소리.

2 풍선이 터지는 소리나 모습, 자는 모습, 밤송이에 가시가 나 있는 모습을 표현하는 흉내 내는 말을 알맞게 씁니다.

7쪽 **❸ 바른 말 사용하기**

1 (1) 작다 (2) 적다 (3) 다른 (4) 잊어버렸다
 (5) 맞히면 (6) 맞추어
2 (1) ① (2) ① (3) ②

1 바른 말을 사용해야 잘못 이해하는 것을 줄일 수 있습니다.

2 (1) 호랑이는 몸집이 매우 크다.
 (2) 계절에 따라 나무의 모습이 다르다.
 (3) 사과가 있는 곳을 가리키다.

9쪽 **❹ 사이시옷이 들어간 낱말**

1 (1) 촛불 (2) 나뭇잎 (3) 비눗방울 (4) 뒷문
 (5) 찻잔 (6) 콧구멍
2 (1) ② (2) ② (3) ①

1 두 낱말이 합쳐져서 하나의 낱말이 될 때에 낱말 사이에 'ㅅ'이 들어가는 경우가 있습니다. 사이시옷이 들어가는 낱말을 여러 가지 읽고 써 보면서 자연스럽게 익힐 수 있습니다.

2 (1) 이와 잇몸의 사이도 잘 닦아 주세요.
 (2) 개구리는 앞다리보다 뒷다리가 더 빨리 자란다.
 (3) 구름에서 떨어지는 빗방울.

11쪽 ❺ 소리가 비슷한 낱말

1 (1) ① ○ (2) ② ○
2 (1) 앉아서 (2) 안으면 (3) 짖는
   (4) 짓겠다고
3 (1) ② (2) ① (3) ③ (4) ④

1 (1) '앉다'는 윗몸을 바로 한 상태에서 엉덩이에 몸무게를 실어 다른 물건이나 바닥에 몸을 올려놓는다는 뜻입니다.
   (2) '짓다'는 재료를 가지고 밥, 옷, 집 등을 만든다는 뜻입니다.
2 소리가 비슷한 낱말의 뜻에 알맞게 빈칸에 들어갈 낱말을 찾아봅니다.
3 (2) '읽었다'는 글이나 글자를 보고 그 음대로 소리를 내어 말로 나타냈다는 뜻입니다.
   (4) '닮았다'는 둘 이상의 사람이나 사물이 서로 비슷한 생김새나 성질을 지녔다는 뜻입니다.

13쪽 ❻ 뜻이 비슷한 낱말

1 (1) 식구 (2) 마주치다 (3) 구부리다
   (4) 달리다 (5) 회오리바람 (6) 계란
2 (1) 매콤해요 (2) 성장했어요 (3) 모아

1 (1) '가족'은 주로 한집에 모여 살고 결혼이나 부모, 자식, 형제 등의 관계로 이루어진 사람들을 뜻하고, '식구'는 한집에서 함께 사는 사람을 뜻합니다. '동무'는 친하게 어울리는 사람을 뜻합니다.
   (2) '만나다'는 누군가 가거나 와서 둘이 서로 마주 대한다는 뜻이고, '마주치다'는 우연히 서로 만난다는 뜻입니다. '바라보다'는 바로 향해 본다는 뜻입니다.
   (3) '굽히다'와 '구부리다' 모두 한쪽으로 휘게 한다는 뜻입니다.
   (4) '뛰다'와 '달리다' 모두 발을 재빠르게 움직여 빨리 나아간다는 뜻입니다.

(5) '돌개바람'과 '회오리바람' 모두 소라 껍데기처럼 한 방향으로 빙빙 돌면서 꼬인 모양으로 빙글빙글 돌며 부는 바람을 뜻하는 낱말입니다. '산들바람'은 시원하고 가볍게 부는 바람을 뜻합니다.
(6) '달걀'과 '계란' 모두 닭이 낳은 알을 뜻하는 낱말입니다.

2 (1) '맵다'는 '매콤하다'와 뜻이 비슷한 낱말입니다.
   (2) '자라다'는 '성장하다'와 뜻이 비슷한 낱말입니다.
   (3) '합치다'는 '모으다'와 뜻이 비슷한 낱말입니다.

15쪽 ❼ 포함하는 낱말과 포함되는 낱말

1 (1) 과일 (2) 학용품 (3) 동물 (4) 채소
2 (1) 나무 (2) 책상 (3) 크다
3 (1) 계절 (2) 새

1 (1) '과일'은 포함하는 낱말이고, '사과, 배, 딸기, 포도'는 과일에 포함되는 낱말입니다.
   (2) '학용품'은 포함하는 낱말이고, '공책, 필통, 지우개, 연필'은 학용품에 포함되는 낱말입니다.
   (3) '동물'은 포함하는 낱말이고, '사자, 토끼, 개, 오리'는 동물에 포함되는 낱말입니다.
   (4) '채소'는 포함하는 낱말이고, '오이, 당근, 양파, 마늘'은 채소에 포함되는 낱말입니다.
2 (1) '꽃'에 포함되는 낱말은 '장미, 튤립, 해바라기'입니다.
   (2) '책'에 포함되는 낱말은 '동화책, 만화책, 위인전'입니다.
   (3) '움직이다'에 포함되는 낱말은 '달리다, 앉다, 걷다'입니다.
3 (1) '봄, 여름, 가을, 겨울'을 포함하는 낱말은 '계절'입니다.
   (2) '비둘기, 참새, 까마귀, 까치'를 포함하는 낱말은 '새'입니다.

17쪽 ⑧ 알맞은 발음

1 (1) ① ○   (2) ② ○   (3) ② ○

2 (1) ㉠   (2) ㉡   (3) ㉠

3 (1) 좀   (2) 거꾸로

1 낱말에 사용된 자음자의 발음에 주의하며 바른 발음을 찾아봅니다. '불'은 [불], '딸'은 [딸], '자다'는 [자다]로 발음하는 것이 알맞습니다.

2 '자르다'는 [자르다], '바나나'는 [바나나], '동그라미'는 [동그라미]로 소리 내는 것이 알맞습니다.

3 자음자의 바른 발음을 생각하고 쌍자음인지 아닌지를 구분하여 알맞은 발음을 써 봅니다. '좀'은 [좀], '거꾸로'는 [거꾸로]로 읽는 것이 알맞습니다.

19쪽 ⑨ 느낌을 나타내는 우리말

1 (1) 부들부들하다   (2) 만질만질하다
   (3) 잘바닥잘바닥하다

2 (1) ㉠   (2) ㉠

1 느낌을 나타내는 우리말의 뜻을 바르게 알고 그에 알맞은 낱말을 찾아봅니다. (1)에서 살갗에 닿는 느낌이 부드럽다는 것은 '부들부들하다', (2)에서 만지거나 주무르기 좋다는 것은 '만질만질하다', (3)에서 물기가 많아 질다는 것은 '잘바닥잘바닥하다'와 연결됩니다.

2 (1) 우리 집 고양이의 털이 보드라운 느낌이 든다는 의미이므로, '꽤 보드라운 느낌이 있다.'라는 뜻의 '보드레하다'가 어울립니다.

(2) 봉투에 바른 풀을 만져 보니 끈적끈적하게 달라붙는다는 의미이므로, '눅진하고 차져 자꾸 끈적끈적하게 달라붙다.'라는 뜻의 '찐득찐득하다'가 알맞습니다.

21쪽 ⑩ 토박이말

1 (1) ③ ○   (2) ② ○   (3) ① ○   (4) ① ○

2 (1) 해거름   (2) 나들목   (3) 으뜸   (4) 볼가심

1 제시된 낱말의 뜻을 알고 이에 알맞은 토박이말을 찾아봅니다. (1)에서 '밤사이에 사람들이 모르게 내린 눈.'은 '도둑눈', (2)에서 '등성이를 이루는 지붕이나 산 따위의 꼭대기.'는 '마루', (3)에서 '많은 것 가운데 가장 뛰어난 것. 또는 첫째가는 것.'은 '으뜸', (4)에서 '놀이나 잔치 등의 일로 여러 사람이 모이는 일.'은 '모꼬지'를 말합니다.

2 (1) 아버지가 집에 오신 것과 관련하여 '해가 서쪽으로 넘어가는 일. 또는 그런 때.'의 뜻인 '해거름'이 알맞습니다.

(2) 고속 도로에 설치하는 것과 관련하여 '도로나 철도 따위에서, 사고가 일어나거나 교통이 지체되는 것을 막기 위하여 교차 지점에 입체적으로 만들어서 신호 없이 다닐 수 있도록 한 시설.'의 뜻인 '나들목'이 어울립니다.

(3) 선호의 노래 실력이 우리 반에서 가장 뛰어나다는 내용이 자연스러우므로, '많은 것 가운데 가장 뛰어난 것. 또는 첫째가는 것.'의 뜻인 '으뜸'이 알맞습니다.

(4) 아이가 밥을 먹고 볼의 안을 씻는다는 내용이 자연스러우므로, '물 따위를 머금어 볼의 안을 깨끗이 씻음.'의 뜻인 '볼가심'이 어울립니다.

23쪽 ⑪ 맞장구치는 말

1 (1) ② ○ (2) ② ○ (3) ① ○ (4) ② ○

2 (1) 예 나도 음악 듣는 것이 좋아.

(2) 예 맞아, 꽃이 참 예쁘다.

1 (1) 피구 경기가 기대된다는 말에 대하여 맞장구치는 말로 피구를 제일 싫어한다는 내용은 알맞지 않습니다.

(2) 상대가 내일 친구와 놀이 공원에 가기로 했다며 이야기하고 있습니다. 따라서 놀이 공원에 가는 것을 시간 낭비라고 이야기하는 것은 알맞은 맞장구치는 말이 아닙니다. 상대방의 마음을 헤아리며 알맞은 말을 생각해 봅니다.

(3) 오늘 나온 급식이 맛있다는 말에 맞장구치는 말로 알맞은 내용은 자신도 오늘 급식이 맛있게 느껴진다는 것입니다.

(4) 새로 개봉한 영화를 보고 싶다는 말에 영화표가 너무 비싸다는 대답은 맞장구치는 말로 알맞지 않습니다.

2 (1)은 음악 듣는 것을 좋아한다는 내용을, (2)는 꽃이 활짝 핀 것을 보니 기분이 좋아진다는 내용을 전달하는 말입니다. 주어진 말을 기분 좋게 받아 줄 수 있는 맞장구치는 말을 써 봅니다.

25쪽 ⑫ 높임 표현 사용하기

1 (1) 께 (2) 에게 (3) 께 (4) 에게

2 (1) ① ○ (2) ② ○ (3) ② ○ (4) ① ○

(5) ② ○

1 (1)과 (3)의 문장에서는 '누구에게'에 해당하는 사람인 어머니와 선생님이 웃어른이므로 높임 표현을 사용해야 합니다. 따라서 '에게' 대신 '께'를 사용합니다. 반면 (2)와 (4)의 문장에서 '누구에게'에 해당하는 사람인 동생과 친구는 웃어른이 아니므로 '에게'를 사용합니다.

2 (1) '나이'의 높임말은 '연세'이므로 '나이를' 대신 '연세를'이라고 해야 합니다.

(2) '있다'의 높임말은 '계시다'이므로 '선생님께서는 교실에 계셨다.'가 바른 높임 표현이 사용된 문장입니다.

(3) '생신'은 '생일'을 높여 말하는 말이므로 '할머니 생신'이라고 표현하는 것이 알맞습니다.

(4) '집'의 높임말은 '댁'이므로 '할아버지 집'이 아닌 '할아버지 댁'이라고 표현하여야 합니다.

(5) '말'을 높여 말하는 표현은 '말씀'이므로 '어머니의 말씀이 생각났다'가 알맞은 높임 표현이 사용된 문장입니다.

27쪽 ⑬ 글자와 다르게 소리 나는 낱말

1 (1) ② ○ (2) ① ○ (3) ② ○ (4) ② ○

2 (1) 아침에[아치메] (2) 문을[무늘]

(3) 노을이[노으리] (4) 창문을[창무늘]

3 (1) 문제지븐 (2) 저쪼게

1 '책', '대문', '연못', '장미꽃'은 모두 낱말의 마지막 글자에 받침이 있으므로 낱말의 뒤에 '이', '에', '은', '을'이 오면 마지막 글자의 받침이 'ㅇ' 자리로 이어져 소리 납니다.

2 (1) 각각 쌀을[싸를], 밥이[바비]라고 읽는 것이 바른 방법입니다.

(2) 각각 벽에[벼게], 하늘은[하느른]이라고 소리 납니다.

(3) 각각 집에[지베], 저녁은[저녀근]이라고 읽어야 합니다.

(4) 각각 물이[무리], 화분은[화부는]이라고 읽어야 합니다.

3 (1) '문제집'의 'ㅂ'이 'ㅇ' 자리로 이어져 [문제지븐]으로 소리 납니다.

(2) '저쪽'의 'ㄱ'이 'ㅇ' 자리로 이어져 [저쪼게]로 소리 납니다.

memo